© 2019 Patrick Meyer
1. Auflage
Alle Rechte vorbehalten
Druck: Amazon Media EU S.à r.l.Rue Plaetis - 2338 Luxemburg
Das Werk, einschließlich seiner Teile, ist urheberrechtlich geschützt.
Jede Verwertung ist ohne Zustimmung des Verlages und des Autors unzulässig.
Veröffentlicht von: Patrick Meyer
Independently published
PATRICK MEYER, HÜBSCHSTRAßE 18, 95448 BAYREUTH
patrick-meyer-92@web.de

www.ingramcontent.com/pod-product-compliance
Lightning Source LLC
Chambersburg PA
CBHW070828220526
45466CB00002B/783